maktab - ትምህርት ቤት 2
sayohat - ጉዞ 5
transport - መጓጓዣ 8
shahar - ከተማ 10
manzara - መልክዓምድር 14
restoran - ምግብ ቤት 17
supermarket - የሸቀጣ ሸቀጥ መደብር 20
ichimliklar - መጠጦች 22
taom - ምግብ 23
chorvachilik xo'jaligi - እርሻ 27
uy - ቤት 31
mehmonxona - ሳሎን 33
oshxona - ማድቤት 35
vannaxona - መታጠቢያ ቤት 38
bolalar xonasi - የልጅ ክፍል 42
kiyim - አልባሳት 44
idora - ቢሮ 49
iqtisod - ኢኮኖሚ 51
kasblar - የስራ ሙያዎች 53
asboblar - መሳሪያዎች 56
musiqa asboblari - የሙዚቃ መሳሪያዎች 57
hayvonot bog'i - የደር እንስሳት ማቆያ 59
sport o'yinlari - የስፖርት አይነቶች 62
mashg'ulot - እንቅስቃሴዎች 63
oila - ቤተሰብ 67
tana - አካል 68
shifoxona - ሆስፒታል 72
tez yordam - ድንገተኛ 76
yer - ምድር 77
soat - ሰዓት 79
xafta - ሳምንት 80
yil - ዓመት 81
shakllar - ቅርፆች 83
ranglar - ቀለማት 84
qarama-qarshi ma'noli so'zlar - ተቃራኒዎች 85
raqamlar - ቁጥሮች 88
tillar - ቋንቋዎች 90
kim / nima / qanday - ማን/ ምን/ እንዴት 91
qayerda - የት 92

Impressum
Verlag: BABADADA GmbH, Nedderfeld 112 , 22529 Hamburg
Geschäftsführer / Verlagsleitung: Harald Hof
Druck: Books on Demand GmbH, In de Tarpen 42, 22848 Norderstedt

Imprint
Publisher: BABADADA GmbH, Nedderfeld 112 , 22529 Hamburg, Germany
Managing Director / Publishing direction: Harald Hof
Print: Books on Demand GmbH, In de Tarpen 42, 22848 Norderstedt, Germany

1

# maktab

## ትምህርት ቤት

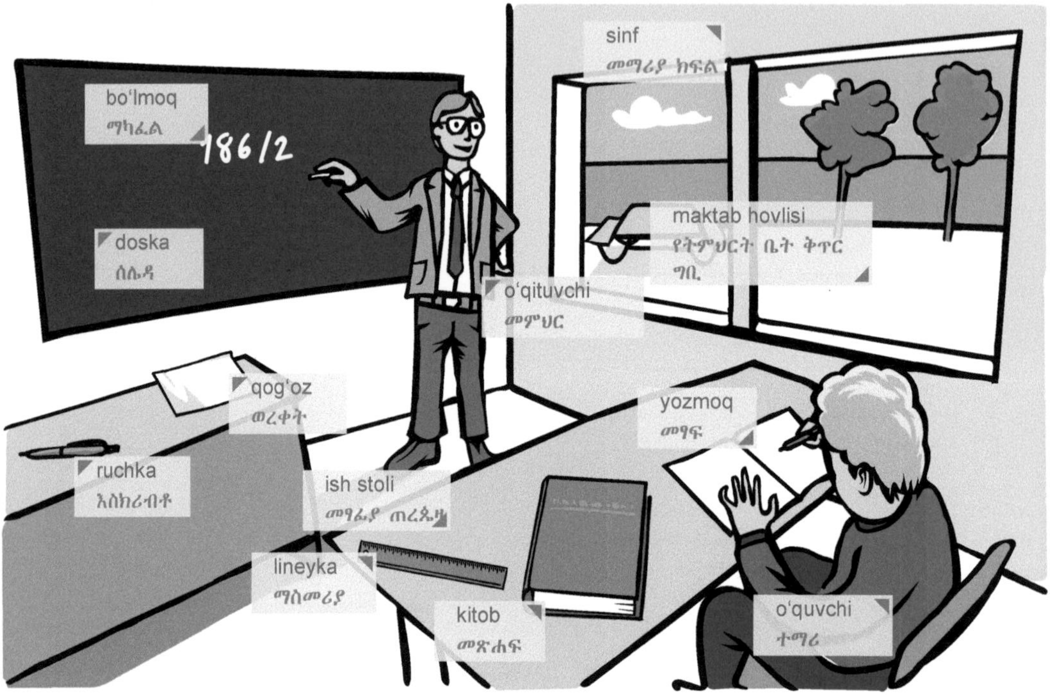
sinf
መማሪያ ክፍል
boʻlmoq
ማካፈል
186/2
doska
ሰሌዳ
maktab hovlisi
የትምህርት ቤት ቅጥር ግቢ
oʻqituvchi
መምህር
qogʻoz
ወረቀት
yozmoq
መፃፍ
ruchka
እስክሪብቶ
ish stoli
መፃፊያ ጠረጴዛ
lineyka
ማስመሪያ
kitob
መጽሐፍ
oʻquvchi
ተማሪ

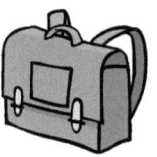

osma sumka
የጀርባ ቦርሳ

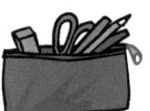

qalamdon
የእርሳስ መያዣ

qalam
እርሳስ

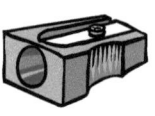

qalam uchlagich
የእርሳስ መቅረጫ

oʻchirgich
ላጲስ

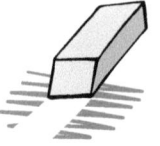

rasm albomi
የስዕል ደብተር

chizmachilik
ስዕል

bo'yoq cho'tka
የቀለም ብሩሽ

bo'yoqdon
የቀለም ሳጥን

qaychi
መቀስ

yelim
ማጣበቂያ

mashg'ulot daftari
መልመጃ ደብተር

uy ishi
የቤት ስራ

raqam
ቁጥር

qo'shmoq
መደመር

ayirmoq
መቀነስ

ko'paytirmoq
ማባዛት

sanamoq
ቁጥሮችን ማስላት

xat
ደብዳቤ

alifbo
ፊደላት

so'z boyligi
ቃል

maktab - ትምህርት ቤት

matn

ፅሑፍ

o'qimoq

ማንበብ

bo'r

ጠመኔ

dars

ትምህርት

jurnal

ምዝገባ

imtihon

ፈተና

guvohnoma

ሰርተፊኬት

maktab formasi

የትምህርት ቤት የደንብ ልብስ

ta'lim

ትምህርት

qomus

አዉደ ጥበብ

oliygoh

ዩኒቨርስቲ

mikroskop

የምርምር አጉሊ መሳርያ

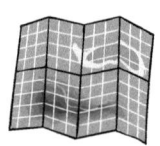

xarita

ካርታ

urna

የቆሻሻ ወረቀት መጣያ ቅርጫት

maktab - ትምህርት ቤት

# sayohat

## ጉዞ

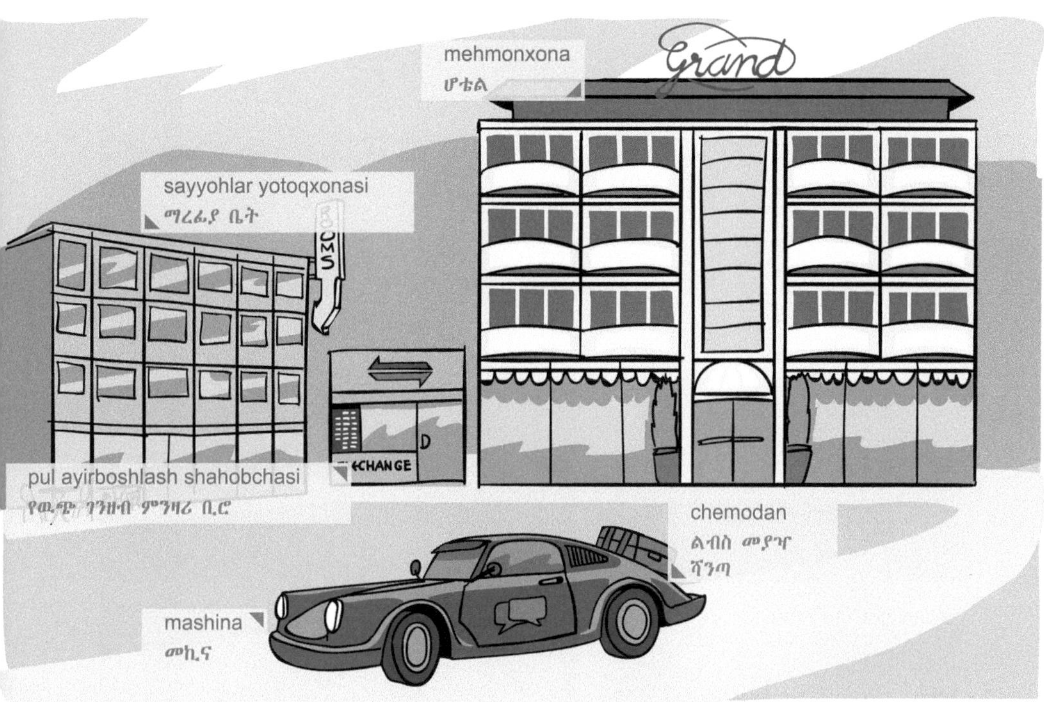

mehmonxona
ሆቴል
Grand
sayyohlar yotoqxonasi
ማረፊያ ቤት
ROOMS
pul ayirboshlash shahobchasi
የዉጭ ገንዘብ ምንዛሪ ቢሮ
EXCHANGE
chemodan
ልብስ መያዣ ሻንጣ
mashina
መኪና

til

ቋንቋ

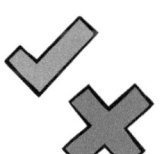

ha / yo‘q

አዎ/ አይደለም

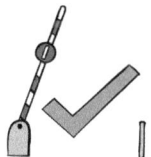

Xo‘p

እሺ

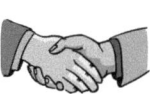

salom

ሰላም

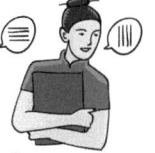

tarjimon

አስተርጓሚ

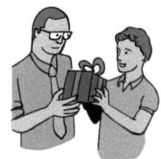

Raxmat

አመሰግናለሁ

necha pul...?

..................

ስንት ነዉ.......?

Tushunmadim

..................

አልገባኝም

muammo

..................

እክል

Xayrli kech!

..................

እንደምን አመሹ!

Xayrli tong!

..................

እንደምን አደሩ!

Xayrli tun!

..................

መልካም ምሽት!

ko‘rishguncha

..................

ደህና ይሰንብቱ

yo‘nalish

..................

አቅጣጫ

yo‘lovchi yuki

..................

ሻንጣ

safarxalta

..................

ቦርሳ

yuk xalta

..................

የጀርባ ቦርሳ

mehmon

..................

እንግዳ

xona

..................

ክፍል

uyquqop

..................

የመተኛ ቦርሳ

palatka

..................

ድንኳን

sayohlarga ma’lumot berish stoli

የጎብኚዎች መረጃ

plyaj

የባህር ዳርቻ

omonat karta

ክሬዲት ካርድ

nonushta

ቁርስ

nonushta

ምሳ

kechki ovqat

እራት

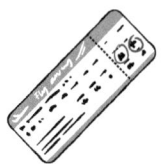

chipta

ቲኬት

lift

አሳንሰር

marka

ማህተም

chegara

ድንበር

bojxona

ባህሎች

elchixona

ኤምባሲ

viza

ቪዛ/የይለፍ ወረቀት

pasport

ፓስፖርት

# transport
## መጓጓዣ

**samolyot** አዉሮፕላን

**kema** መርከብ

**o't o'chiruvchi mashina** የእሳት አደጋ መኪና

**avtobus** አዉቶብስ

**yuk avtomobili** የጭነት መኪና

**motorli qayiq** የሞተር ጀልባ

**mashina** መኪና

**velosiped** ብስክሌት

solsimon yassi kema

የማመላለሻ ጀልባ

qayiq

ጀልባ

mototsikl

የሞተር ብስክሌት

posbon mashinasi

የፖሊስ መኪና

poyga mashinasi

የዉድድር መኪና

kiraga olingan avtoulov

የኪራይ መኪና

avtoijara

.................

የመኪና መጋሪት

shatakka oluvchi yuk avtomobili

.................

ጎታች መኪና

axlat mashinasi

.................

የቆሻሻ ጭነት መኪና

motor

.................

ሞተር

yoqilg‘i

.................

ነዳጅ

yoqilg‘i quyish shahobchasi

.................

የቤንዚን ማደያ

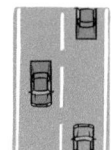

yo‘l belgisi

.................

የመንገድ ምልክት

yo‘l harakati

.................

የመኪኖች እንቅስቃሴ

tirband

.................

የመኪና መጨናነቅ

avtomobil to‘xtab turish joyi

.................

የመኪና ማቆሚያ

poyezd bekati

.................

የባቡር ጣቢያ

rels

.................

የባቡር ሀዲዶች

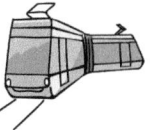

poyezd

.................

ባቡር

tramvay

.................

የኤሌክትሪክ ባቡር

vagon

.................

ሰረገላ

vertolyot
ሄሊኮፕተር

aeroport
አየር ማረፊያ

minora
ማማ

yo'lovchi
መንገደኛ

konteyner
ማስቀመጫ፤ ማጠራቀሚያ

qog'oz quti
ካርቶን እቃ ማሸጊያ

aravacha
ጋሪ፤ ተሳቢ

savat
ቅርጫት

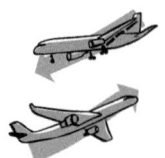
uchmoq / qo'nmoq
መነሳት/ ማረፍ

# shahar
## ከተማ

qishloq
መንደር

shahar markazi
የከተማ ማዕከል

uy
ቤት

**kinoteatr** ሲኒማ

**reklama** ማስታወቂያ

**ko'cha chirog'i** የመንገድ ዳር መብራት

**ko'cha** መንገድ

**taksi haydovchi** ታክሲ

**tamaddixona** የቁርስ መቆያ ሱቅ

**piyoda** እግረኛ

**yo'lka** ድንጋይ የተነጠፈበት የእግረኛ መንገድ

**piyodalar o'tish joyi** የእግረኛ መሻገሪያ

**urna** የቆሻሻ ማጠራቀሚያ

**chorraha** ማቋረጫ

**yo'lchiroq** የትራፊክ መብራቶች

kulba
ጎጆ

kvartira
አፓርታማ

poyezd bekati
የባቡር ጣቢያ

mahalliy hokimiyat binosi
የከተማ አዳራሽ

muzey
ቤተ መዘክር

maktab
ትምህርት ቤት

shahar - ከተማ

oliygoh

ኒቨርስቲ

bank

ባንክ

shifoxona

ሆስፒታል

mehmonxona

ሆቴል

dorixona

መድሐኒት ቤት

idora

ቢሮ

kitob do‘koni

መፅሐፍ መሸጫ

do‘kon

ሱቅ

gul do‘koni

የአበባ መሸጫ

supermarket

የሸቀጣ ሸቀጥ መደብር

bozor

ገበያ ስፍራ

univermag

መደብር

baliq do‘koni

የዓሳ ነጋዴ

savdo markazi

የገበያ ማዕከል

bandargoh

ወደብ

istirohat bog‘i

መናፈሻ ቦታ

bank

አግዳሚ ወንበር

ko‘prik

ድልድይ

zinapoya

ደረጃዎች

metro

ዉስጥ ለዉስጥ

yer osti yo‘li

ዋሻ

avtobus bekati

የአዉቶቡስ ፌርማታ

bar

ባር

restoran

ምግብ ቤት

pochta qutisi

የፖስታ ሳጥን

ko‘cha yozuv osma taxtasi

የመንገድ ምልክት

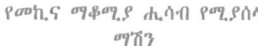

to‘xtab turish vaqtini hisoblagach

የመኪና ማቆሚያ ሒሳብ የሚያሰላ ማሽን

hayvonot bog‘i

የደር እንስሳት ማቆያ

basseyn

የመዋኛ ገንዳ

masjid

መስጊድ

chorvachilik xoʻjaligi
እርሻ

atrof-muhit ifloslanishi
የሚበክል ነገር

qabriston
መቃብር ስፍራ

ibodatxona
ቤተ ክርስቲያን

bolalar oʻyingohi
መጫወቻ ሜዳ

ehrom
ቤተ መቅደስ

## manzara
መልከዓምድር

yaproq — ቅጠል
yoʻlkoʻrsatgich — የመንገድ ላይ ምልክት
yoʻl — መንገድ
oʻtloq — አረንጓዴ መስክ
tosh — ድንጋይ
daraxt — ዛፍ
sayyoh — በእግሩ የሚጓዝ
daryo — ወንዝ
maysa — ሳር
gul — አበባ

manzara - መልከዓምድር

vodiy

ሸለቆ

qir

ኮረብታ

ko‘l

ሀይቅ

o‘rmon

ጫካ

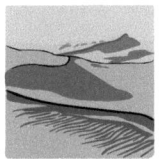

cho‘l

በረሃ

vulkan

እሳተ ገሞራ

qal’a

ግምብ

kamalak

ቀስተ ዳመና

qo‘ziqorin

እንጉዳይ

palma daraxti

የቴምብር ዛፍ/ ዘንባባ

pashsha

ቢንቢ/ የወባ ትንኝ

chivin

በራሪ

chumoli

ጉንዳን

asalari

ንብ

o‘rgimchak

ሸረሪት

qo‘ng‘iz

.................

ጢንዚዛ

qurbaqa

.................

እንቁራሪት

olmaxon

.................

ሽኮኮ

tipratikon

.................

ጃርት

quyon

.................

ጥንቸል

ukki

.................

ጉጉት ወፍ

qush

.................

ወፍ

oqqush

.................

የዉሃ ዳክዬ

erkak cho‘chqa

.................

ከርከሮ

bug‘u

.................

አጋዘን

butoq shohli kiyik

.................

አጋዘን

to‘g‘on

.................

ግድብ

shamol generatori

.................

በነፋስ የሚሽከረከር

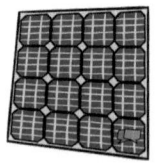

quyosh batareyasi

.................

የፀሀይ ፓኔሎ

iqlim

.................

አየር ንብረት

16 manzara - መልከዓምድር

# restoran
## ምግብ ቤት

- ofitsiant — አስተናጋጅ
- taomnoma — ማዉጫ
- stul — ወንበር
- sho'rva — ሾርባ
- pitstsa — ፒዛ
- oshxona anjomlari — መከተሪያ
- dasturxon — የጠረጴዛ ጨርቅ

gazak

የምግብ ፍላጎትን የሚከፍት ምግብ

asosiy taom

ዋና ምግብ

desert

ማጣጣሚያ ተከታይ ምግብ

ichimliklar

መጠጦች

taom

ምግብ

butilka

ጠርሙስ

tez pishar taom

ፈጣን ምግብ

ko‘cha taomi

የመንገድ ምግብ

choynak

የሻይ ማንቆርቆሪያ

shakardon

የስኳር እቃ

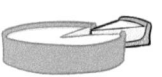

portsiya

ድርሻ

espresso kofe mashinasi

የቡና ማፊያ ማሽን

bolalar kursichasi

ባለጌ ወንበር

hisob

የክፍያ ደረሰኝ

lagan

ትሪ

pichoq

ቢላዋ

sanchqi

ሹካ

qoshiq

ማንኪያ

choy qoshiq

የሻይ ማንኪያ

qo‘l sochiq

ልብስ ምግብ እንዳይነካ የሚረዳ ጨርቅ

stakan

ብርጭቆ

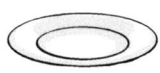

likop

ዝርግ ሰሀን

sho‘rva kosa

የሾርባ ጎድጓዳ ሰሀን

taqsimcha

የስኒ ማስቀመጫ

qayla

ማጣፈጫ ስጎ

tuzdon

የጨዉ እቃ

qalampir yanchgich

የተፈጨ ቃሪያ

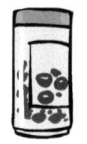

sirka

ኮምጣጤ

yog‘

የምግብ ዘይት

ziravorlar

ቀመማ ቅመሞች

ketchup

የቲማቲም ድልህ

xantal

ሰናፍጭ

mayonez

ማዮኒዝ

# supermarket

## የሸቀጣ ሸቀጥ መደብር

chegirma
ልዩ አቅራቦት
mijoz
ደምበኛ
sut mahsulotlari
የወተት ተዋፅዖ
meva
ፍራፍሬ
xarid aravasi
ባለ ጎማ የእጅ ጋሪ

qassobxona

ሉካንዳ ነጋዴ

nonvoyxona

መጋገርያ

tarozida o‘lchamoq

ክብደት መመዘን

sabzavot

ቅጠላ ቅጠል አትክልት

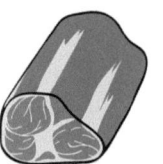

go‘sht

ስጋ

muzlatilgan taomlar

የቀዘቀዘ/የረጋ ምግብ

yaxna go‘sht

ቀዝቃዛ ቁራጭ

konserva

የታሸገ ምግብ

kir yuvish vositasi

የማጠቢያ ዱቄት

shirinliklar

ጣፋጮች

kundalik iste’mol taomlari

የቤት ወ ስጥ ወ ጤቶች

yuvish vositalari

የፅዳት ምርቶች

sotuvchi

የሽያጭ ባለሙያ

kassa

የገንዘብ መመዝቢያ ማሽን

kassachi

የሒሳብ ሰራተኛ

xarid ro‘yxati

የግዢ ዝርዝር

ish vaqti

ክፍት ሰዓታት

hamyon

የኪስ ቦርሳ

omonat karta

ክሬዲት ካርድ

xalta

ቦርሳ

tsellofan xalta

የፕላስቲክ ቦርሳ

supermarket - የሸቀጣ ሸቀጥ መደብር 21

# ichimliklar
## መጠጦች

suv
ዉሃ

sharbat
ጭማቂ

sut
ወተት

koka-kola
ኮካ-ኮላ

vino
ወይን

pivo
ቢራ

spirtli ichimlik
አልኮል

kakao
ኮካ

choy
ሻይ

kofe
ቡና

espresso
የተፈላ ቡና

kapuchino
ካፑቺኖ

ichimliklar - መጠጦች

taom
ምግብ

banan

ሙዝ

olmaxon

ፖም

apelsin

ብርቱካን

qovun

ሀብሀብ

limon

ሎሚ

sabzi

ካሮት

sarimsoq

ነጭ ሽንኩርት

bambuk

ሸምበቆ

piyoz

ቀይ ሽንኩርት

qo‘ziqorin

እንጉዳይ

yong‘oq

ለዉዝ

lag‘mon

የህፃናት ምግብ

taom - ምግብ 23

spagetti

ፓስታ

guruch

ሩዝ

salat

ሰላጣ

kartoshka-fri

የድንች ጥብስ

qovurilgan kartoshka

ድንች ጥብስ

pitstsa

ፒዛ

gamburger

ዳቦ ዉስጥ በስሱ ተጠብሶ የገባ ስጋ

sendvich

ሳንድዊች

to‘qmoqlangan to‘sh qiymasi

ጥሬ ስጋ

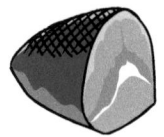

dudlangan cho‘chqa go‘shti

የአሳማ ስጋ

salyami kolbasasi

በቅመምና በጨዉ የታሸ ምግብ ቀዝቅዞ የሚበላ ሾርባ ምግብ

sosiska

ቋሊማ

tovuq go‘shti

ዶሮ

qovurilgan

ጥብስ

baliq

አሳ

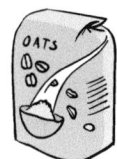

suli boʻtqasi

የአጃ ገንፎ

myusli

ከወተት ጋር ተደባልቀዉ የሚበሉ ምግቦች

makkajoʻxori yormasi

የበቆሎ ቅርፊት

un

ዱቄት

frantsuz bulochkasi

ኩራሳ

bulochka

ድብልብል ዳቦ

non

ዳቦ

qizartirilgan non burdasi

መጥበስ

pishiriq

ብስኩት

sariyogʻ

ቅቤ

tvorog

እርጎ

pirog

ኬክ

tuxum

እንቁላል

qovurilgan tuxum

እንቁላል ጥብስ

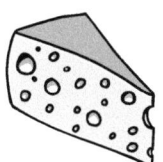

pishloq

አይብ

taom - ምግብ

muzqaymoq
የበረዶ ክሬም

shakar
ስኳር

asal
ማር

murabbo
ማርማላት

shokolad pastasi
የተናጠ የወተት ክሬም

zarchava
ማጣፈጫ

# chorvachilik xo'jaligi
## እርሻ

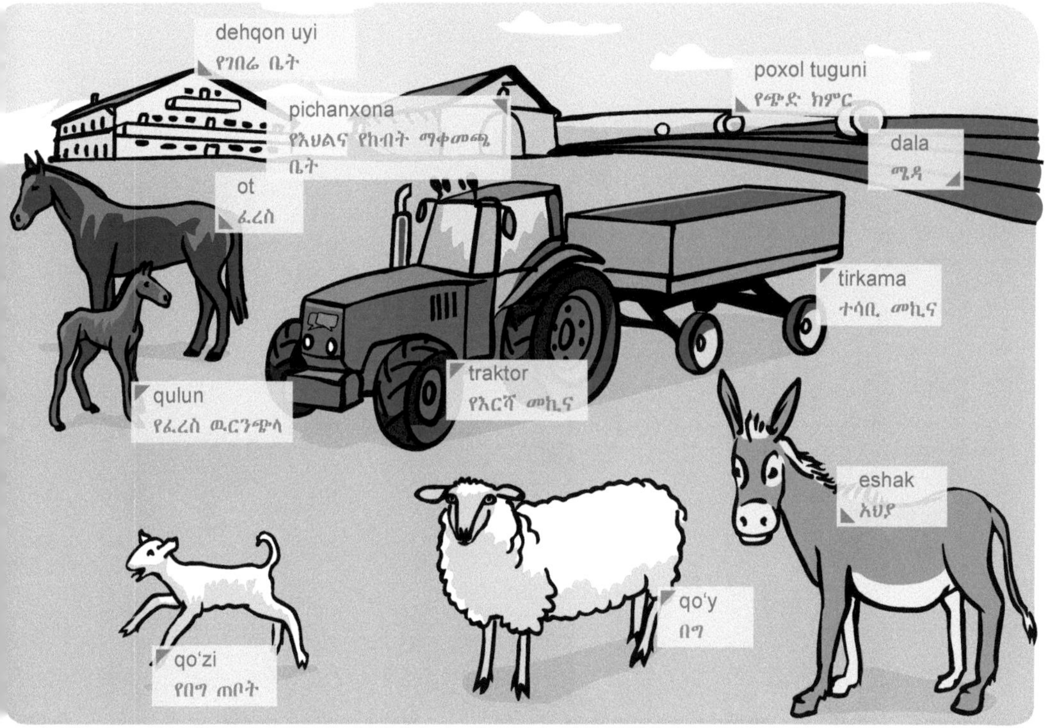

| | | |
|---|---|---|
| echki | sigir | buzoq |
| ፍየል | ላም | ጥጃ |

| | | |
|---|---|---|
| cho'chqa | cho'chqa bolasi | buqa |
| አሳማ | ግልገል አሳማ | ኮርማ |

g‘oz

ዝይ

o‘rdak

ዳክዬ

jo‘ja

የዶሮ ጫጩት

tovuq

ዶሮ

xo‘roz

አውራ ዶሮ

kalamush

አይጥ

mushuk

ደድመት

sichqon

አይጥ

ho‘kiz

በሬ

it

ውሻ

katalak

የውሻ ቤት

hovli bog‘ shlangi

የአትክልት ቦታ

gulchelak

ውሃ ማጠጫ ባልዲ

belo‘roq

ረጅም ማጭድ

temir omoch

ማረሻ

qo'lo'roq

ማጭድ

chopqi

መኮትኮቻ

panshaxa

የእህል መንሽ

bolta

መጥረቢያ

g'altakarava

ኩርኩር/ የእጅ ጋሪ

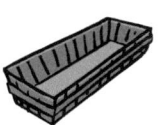

oxur

ገንዳ

sut bidoni

የወተት ዕቃ

to'rva

ጆንያ ከረጢት

panjara

አጥር

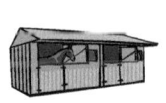

og'ilxona

የፈረስ ጋጣ

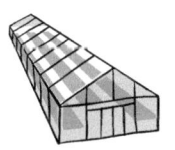

issiqxona

ዕፅዋት ማሳደጊያ የመስታዉት ቤት

tuproq

አፈር

urug'

ዘር

o'g'it

የመሬት ማዳበሪያ

kombayn

ጥምር ማረሻ

chorvachilik xo'jaligi - እርሻ

hosil olmoq

አዝመራ መሰብሰብ

yig'im-terim

አዝመራ

yams

ድንች

bug'doy

ስንዴ

soya

ሶያ

kartoshka

ድንች

makkajo'xori

በቆሎ

raps urug'i

የከብት መኖ

mevali daraxt

የፍሬ ዛፍ

maniok

የካሳቫ ዛፍ

yorma

እህል

chorvachilik xo'jaligi - እርሻ

# uy

## ቤት

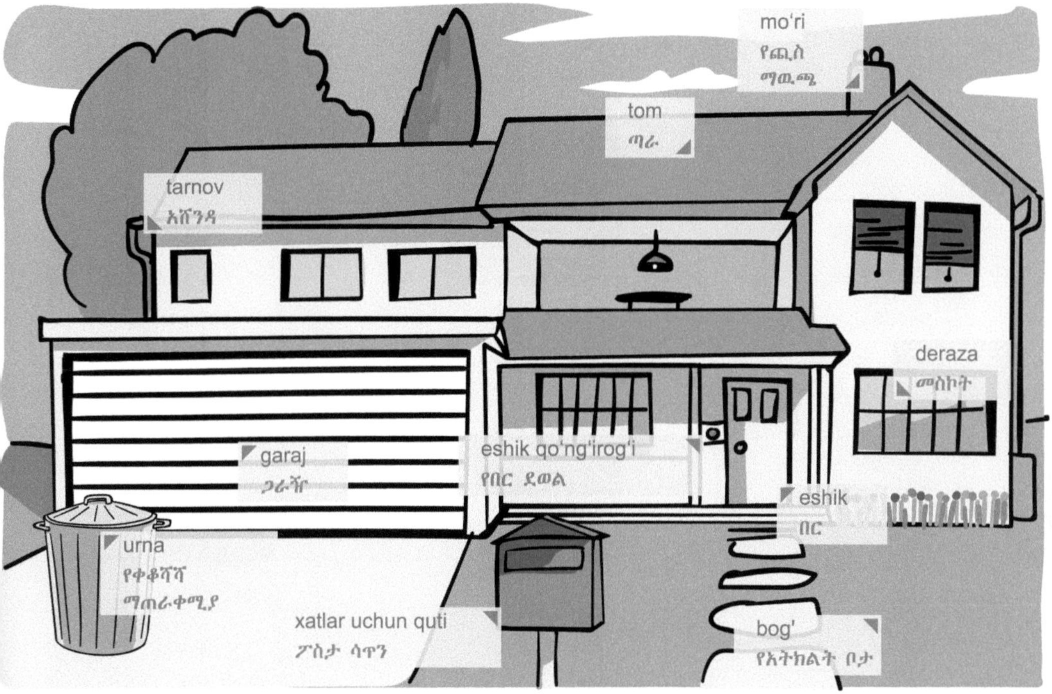

mo‘ri
የጪስ ማዉጫ
tom
ጣራ
tarnov
አሸንዳ
deraza
መስኮት
garaj
ጋራዥ
eshik qo‘ng‘irog‘i
የበር ደወል
eshik
በር
urna
የቀቆሻሻ ማጠራቀሚያ
xatlar uchun quti
ፖስታ ሳጥን
bog‘
የአትክልት ቦታ

mehmonxona

ሳሎን

vannaxona

መታጠቢያ ቤት

oshxona

ማድቤት

yotoqxona

መኝታ ቤት

bolalar xonasi

የልጅ ክፍል

oshxona

መመገቢያ ክፍል

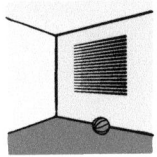

pol

ወለል

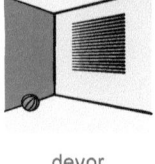

devor

ግድግዳ

ship

ጣሪያ

podval

ምድር ቤት

sauna

በእንፋሎት ሙቀት መታጠቢያ ቤት

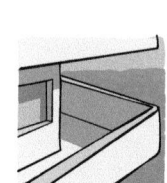

balkon

ሰገነት

ayvon

ከፍ ያለ መደብ

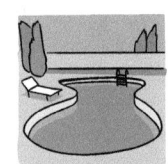

basseyn

የመዋኛ ገንዳ

o‘t o‘rgich mashina

የማጨጃ መኪና

ko‘rpajild

አንሶላ

choyshab

የአልጋ ልብስ

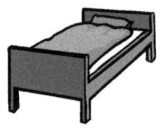

krovat

አልጋ

supurgi

መጥረጊያ

paqir

ባልዲ

murvat

ማብሪያና ማጥፊያ

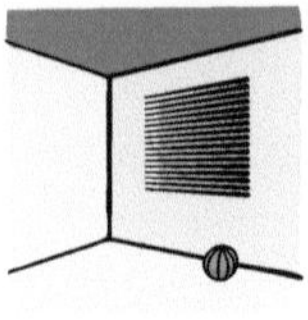

32 uy - ቤት

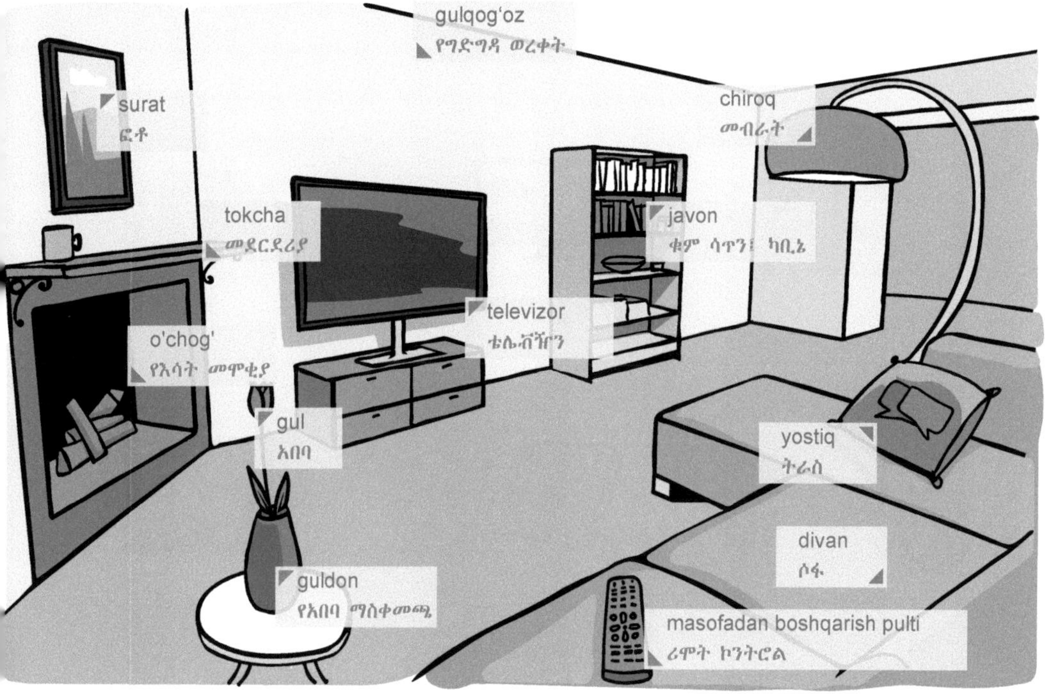

# mehmonxona
## ሳሎን

- gulqog'oz — የግድግዳ ወረቀት
- surat — ፎቶ
- chiroq — መብራት
- tokcha — መደርደሪያ
- javon — ቁም ሳጥን፣ ካቢኔ
- o'chog' — የእሳት መሞቂያ
- televizor — ቴሌቪዥን
- gul — አበባ
- yostiq — ትራስ
- guldon — የአበባ ማስቀመጫ
- divan — ሶፋ
- masofadan boshqarish pulti — ሪሞት ኮንትሮል

gilam
ንጣፍ

parda
መጋረጃ

stol
ጠረጴዛ

stul
ወንበር

tebranma kursi
ተወዛዋዥ ወንበር

kreslo
ባለመደገፊያ ወንበር

mehmonxona - ሳሎን

kitob

መጽሐፍ

ko‘rpa

ብርድ ልብስ

hasham

ጌጥ

o‘tin

ማገዶ

kino

ፊልም

stereo qurilma

የሙዚቃ መማጫወቻ

kalit

ቁልፍ

gazeta

ጋዜጣ

rasm

ስዕል

plakat

የተለጠፈ ማስታወቂያ እንደ ስዕል

radio

ራዲዮ

yon daftar

ማስታወሻ ደብተር

chang yutgich

የአየር ማፅጃ ለምንጣፍ

kaktus

ቁልቋል

sham

ሻማ

# oshxona
## ማድቤት

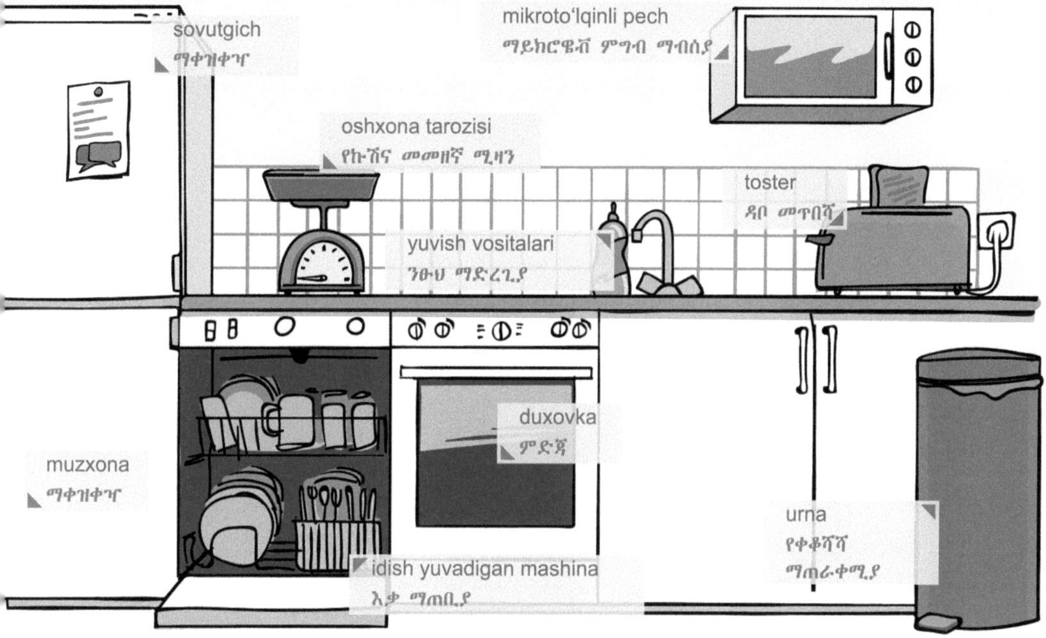

**sovutgich** / ማቀዝቀዣ

**mikroto'lqinli pech** / ማይክሮዌቭ ምግብ ማብሰያ

**oshxona tarozisi** / የኩሽና መመዘኛ ሚዛን

**yuvish vositalari** / ንፁህ ማድረጊያ

**toster** / ዳቦ መጥበሻ

**muzxona** / ማቀዝቀዣ

**duxovka** / ምድጃ

**urna** / የቀቆሻሻ ማጠራቀሚያ

**idish yuvadigan mashina** / እቃ ማጠቢያ

**plita**
ምግብ አብሳይ

**kastryul**
ማሰሮ

**cho'yan qozon**
የብረት ማሰሮ

**bo'rtma tubli tova**
ምግብ ማብሰያ ዝርግ ድስት

**tova**
የምግብ መጥበሻ

**chovgun**
ማንቆርቆሪያ

oshxona - ማድቤት

**mantiqasqon**
የእንፋሎት ማብሰያ

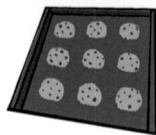

**tunuka tova**
የመጋገሪያ ትሪ

**chinni idish**
ሰብስቦች

**krushka**
ትልቅ ኩባያ

**kosa**
ጎድጓዳ ሳህን

**taom yeyish tayoqchalari**
ቾፕስቲክስ

**cho'mich**
ጭልፋ

**kurakcha**
መሰቅሰቂያ ዝርግ ማንኪያ

**ko'pirtirgich**
ማደባለቂያ

**chovli**
መወጠሪያ

**elak**
ወንፊት

**qirg'ich**
መፈርፈሪያ መሳሪያ

**hovoncha**
ሲሚንቶ

**gril**
የፍም ጥብስ

**olov**
የተለቀቀ እሳት

oshxona - ማድቤት

oshtaxta

መክተፊያ

juva

ተንሸራታች መርፌ

parmasimon tiqin ochgich

የጠርሙስ መክፈቻ

konserva

ጣሳ

konserva ochgich

የጣሳ መክፈቻ

tutgich

የማሰሮ መሸፈኛ

unitaz

ሳህን ማጠቢያ

idish cho‘tka

ብሩሽ

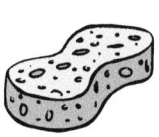

qozonsochiq

ስፖንጅ

qorishtirgich

መደባለቂያ መሳሪያ

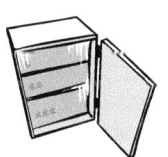

muzlatgich

በጣም ማቀዝቀዣ

so‘rg‘ichli chaqaloq butilkasi

ጡጦ

kran

ቧንቧ

# vannaxona
## መታጠቢያ ቤት

- isitish tizimi — ማሞቂያ
- dush — መታጠቢያ
- sochiq — ፎጣ
- ko'pikli vanna — የአረፋ መታጠቢያ
- darparda — የመታጠቢያ ቤት መጋረጃ
- vanna — የመታጠቢያ ገንዳ
- stakan — ብርጭቆ
- kir yuvish mashinasi — የልብስ ማጠቢያ
- kafel — ማዕዘን ወለል
- kran — ቧንቧ
- tuvak — ፖፖ
- unitaz — ሳህን ማጠቢያ

hojatxona
ሽንት ቤት

polga o'rnatiladigan unitaz
የሽንት ቤት መቀመጫ

tahoratdon
ሳፋ

siydik unitazi
የመንገድ ዳር መሽኛ

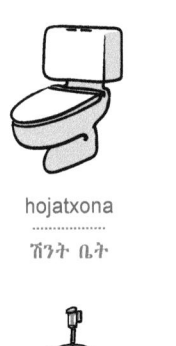

hojatxona qog'ozi
የሽንት ቤት ወረቀት

hojatxona cho'tkasi
የሽንት ቤት ማፅጃ ብሩሽ

vannaxona - መታጠቢያ ቤት

tish cho‘tka

..................

የጥርስ ብሩሽ

tish pastasi

..................

የጥርስ ሳሙና

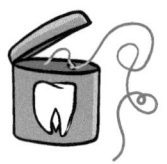

tish tozalagich ip

..................

የጥርስ ማፅጃ ክር

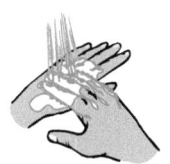

yuvmoq

..................

መታጠብ

dastakli dush

..................

የእጅ መታጠቢያ

tahorat uchun dush

..................

መታጠቢያ

tog‘ora

..................

ጎድጓዳ ሳህን

yelka qashlaydigan cho‘tka

..................

የጀርባ ብሩሽ

sovun

..................

ሳሙና

dush uchun gel

..................

የመታጠቢያ የሚዝለገለግ ሳሙና

shampun

..................

የፀጉር መታጠቢያ ሳሙና

mochalka

..................

ለስላሳ ጨርቅ

quvur

..................

ፍሳሽ

krem

..................

ክሬም

dezodorant

..................

ጠረን መቀየሪያ ንጥረ ነገር

ku'zgu

መስታወት

qo'l ku'zgusi

የእጅ መስታወት

ustara

ምላጭ

ustara uchun ko'pik

የመላጫ አረፋ

salqinlantiruvchi balzam

መላጨት በኋላ የሚቀባ ሽቱ

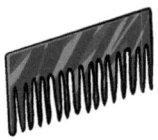

taroq

ማበጠሪያ

cho'tka

ብሩሽ

fen

የፀጉር ማድረቂያ

soch uchun lak

በፀጉር ላይ የሚነፋ

pardoz-andoz

የ ት መቀባቢያ

lab uchun pomada

የ ንፈር ቀለም

tirnoq laki

የጥፍር ቀለም

paxta

የጥጥ ሱፍ

tirnoq qaychisi

ጥፍር መቁረጫ

atir

ሽቶ

vannaxona - መታጠቢያ ቤት

pardoz-andoz xaltasi

ማጠቢያ ባልዲ

kursi

መቀመጫ

tarozi

ሚዛን

cho‘milish xalati

የመታጠቢያ ልብስ

rezina qo‘lqop

የላስቲክ ጓንት

tampon

ሞዴስ

gigiyenik taglik

የፅዳት ፎጣ

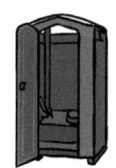

biohojatxona

የሽንት ቤት ኬሚካል

# bolalar xonasi

## የልጅ ክፍል

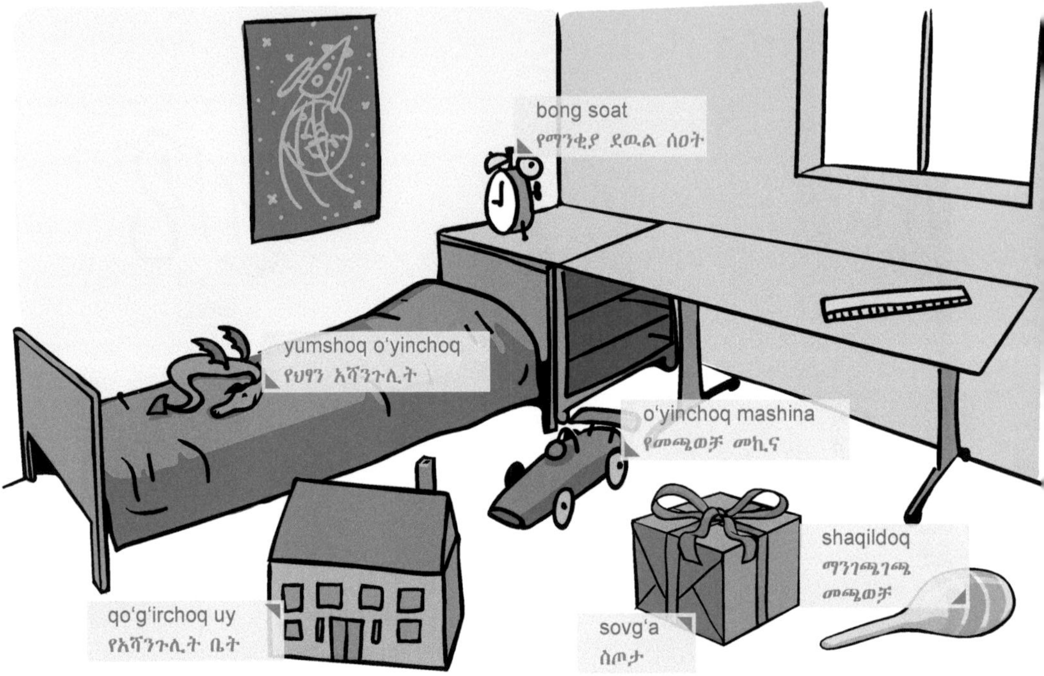

bong soat
የማንቂያ ደዉል ሰዐት
yumshoq o‘yinchoq
የህፃን አሻንጉሊት
o‘yinchoq mashina
የመጫወቻ መኪና
shaqildoq
መጫወቻ
qo‘g‘irchoq uy
የአሻንጉሊት ቤት
sovg‘a
ስጦታ

shar

ፊኛ

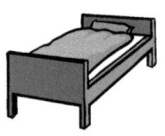

krovat

አልጋ

bolalar aravachasi

የህፃን ማንሸራሸሪያ ጋሪ

karta to‘plami

የካርታ መጫወቻ

terma tasvir

ቁርጥራጭ ምስሎችን የማገጣጠም
እና ምስል የማግኘት ጨዋታ

kulgili sahna asari

አዝናኝ

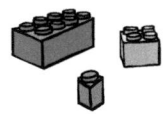

lego g‘ishtlari

ተገጣጣሚ መጫወቻ

o‘yinchoq kubiklar

የመጫወቻ መገጣጠሚያዎች

o‘yinchoq qahramon

የድርጊት ምስል

polzunka

የህፃን እድገት

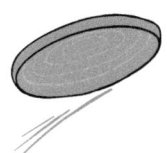

uchar likopcha

የፕላስቲክ መጫወቻ ዝርግ ሰሀን

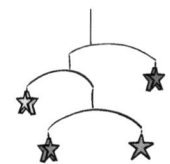

osma shaqildoq

ተወዛዋዥ የህፃን ማጫወቻ

stol o‘yini

የሰሌዳ ጨዋታ

oshiq

የመጫወቻ ጠጠር

poyezd maketi

የመጫወቻ ባቡር

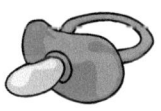

so‘rg‘ich

የእንጀራ እናት ጡጦ

o‘tirish

ድግስ

rasmli kitob

የስዕል መፅሀፍ

koptok

ኳስ

qo‘g‘irchoq

አሻንጉሊት

o‘ynamoq

መጫወት

qumdon

የአሸዋ መጫወቻ

arg‘imchoq

ዥዋዥዌ

o‘yinchoqlar

መጫወቻዎች

o‘yin pristavkasi

የቪዲዮ መጫወቻ

uch g‘ildirakli velosiped

ባለ ሶስት ጎማ ብስክሌት

baxmal ayiq

የአሻንጉሊት ድብ

kiyim shkafi

ቁምሳጥን

# kiyim

## አልባሳት

paypoq

ካልሲዎች

chulki

ስቶኪንጎች

kolgotka

ታይት

shippak

ነጠላ ጫማዎች

tufli

ጫማዎች

rezina etik

የዝናብ ቡትስ

tor tursik

ሙታንታ

ko‘krakpech

ጡት መያዣ

mayka

ሰደርያ

bodi

ሰዉነት

ishton

ሱሪዎች

jinsi

ጅንስ

yubka

ጉርድ ቀሚስ

kofta

ሸሚዝ

ko‘ylak

ሸሚዝ

jemper

የሚጠለቅ ሹራብ

uzun chakmon

ሹራብ

sport bichimidagi pidjak

ዩኒፎርም ጃኬት

kurtka

ጃኬት

palto

ኮት

plash

የዝናብ ኮት

libos

ልብስ

ko‘ylak

ቀሚስ

kelin ko‘ylak

የሙሽራ ቀሚስ

kostyum shim

ሱፍ

tungi ko‘ylak

የለሊት ልብስ

pijama

የለሊት ልብስ

sari

ረጅም ቀሚስ

sholro‘mol

ሂጃብ

salla

ጥምጣም

paranji

ቡርቃ

chakmon

ሸርጥ

abaya

አባያ

cho‘milish kostyumi

የዋና ልብስ

tursik

አጭር ቁምጣ

shortik

ቁምጣዎች

sport kostyumi

የስራ ቱታ

fartuk

ሸርጥ

qo‘lqop

ጓንት

tugma

ቁልፍ

ko‘zoynak

መነፅር

bilaguzuk

አምባር

munchoq

የአንገት ሀብል

uzuk

ቀለበት

sirg‘a

የጆሮ ጌጥ

kepka

ኮፍያ

palto ilgak

የኮት መስቀያ

shlyapa

ኮፍያ

bo‘yinbog‘

ክረቫት

zamok

ዚፕ

dubulg‘a

የብረት ቆብ

shim tortgich

መደገፊያ

maktab formasi

የትምህርት ቤት የደንብ ልብስ

forma

የደንብ ልብስ

oshxo'rak
መሃረብ

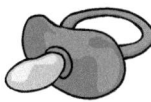
so'rg'ich
የእንጀራ እናት ጡጦ

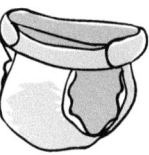
taglik
ሽንት ጨርቅ

# idora
## ቢሮ

server
ማስራጪ ጣቢያ

qog'oz-hujjatlar shkafi
የፋይል መደርደሪያ ካቢኔ

printer
የህትመት መሳሪያ

ekran
መቆጣጠሪያ

qog'oz
ወረቀት

ish stoli
መፃፊያ ጠረጴዛ

sichqoncha
ማዉዝ

papka
ማህደር

klaviatura
የመፃፊ ቁልፍች

urna
የቆሻሻ ወረቀት መጣያ
ቅርጫት

kompyuter
ኮምፒዉተር

stul
ወንበር

kofe krujkasi
የቡና መጠጫ ትልቅ ኩባያ

kalkulyator
ማስሊያ ማሽን

internet
ኢንተርኔት

noutbuk
ላፕቶፕ

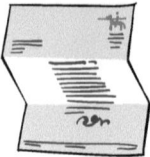
xat
ደብዳቤ

maktub
መልዕክት

uyali telefon
ተንቀሳቃሽ ስልክ

tarmoq
የግንኙነት አዉታር

nusxa ko'chirgich
ማባዣ ማሽን

dastur
ሶፍትዌር

telefon
ስልክ

rozetka
የግድግዳ ሶኬት

faks
የፋክስ ማሽን

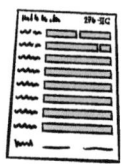
shakllar
ቅፅ

hujjat
ሰነድ

# iqtisod

# ኢኮኖሚ

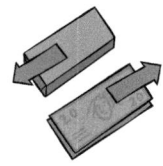

xarid qilmoq

መግዛት

to'lamoq

መክፈል

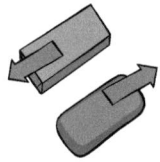

savdolashmoq

መነገድ

pul

ገንዘብ

dollar

ዶላር

yevro

ዩሮ

yyen

የን

rubl

ሩብል

shvetsar franki

የስዊዝ ፍራንክ

Jenminbi xitoy yuani

ሬንሚንቢ ዩዋን

rupi

ሩጲ

bankomat

የገንዘብ ነጥብ

pul ayirboshlash shahobchasi

የዉጭ ገንዘብ ምንዛሪ ቢሮ

oltin

ወርቅ

kumush

ብር

neft

ዘይት

energiya

ሀይል፤ ጉልበት

narx

ዋጋ

shartnoma

ግንኙነት

soliq

ቀረጥ

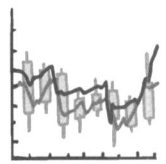

aktsiya

አክስዮን

ishlamoq

መስራት

ishchi

ተቀጣሪ

ish beruvchi

ቀጣሪ

zavod

ፋብሪካ

do'kon

ሱቅ

# kasblar
## የስራ ሙያዎች

politsiyachi
የፖሊስ አዛዥ
o‘t o‘chiruvchi
የእሳት አደጋ ሰራተኛ
oshpaz
ምግብ አብሳይ
shifokor
ዶክተር
uchuvchi
አብራሪ

bog‘bon

አትክልተኛ

duradgor

አናጢ

tikuvchi

ልብስ ሰፊ ሴት

hakam

ዳኛ

kimyogar

ቀማሚ

aktyor

ተዋናይ

avtobus haydovchi

የአዉቶቢስ ሹፌር

taksi haydovchisi

የታክሲ ሹፌር

baliq ovlovchi

አሳ አጥማጅ

farrosh

ፅዳት ሰራተኛ

tom ustasi

የጣራ ሰራተኛ

ofitsiant

አስተናጋጅ

ovchi

አዳኝ

bo‘yoqchi

ሰዓሊ

nonvoyxona

ጋጋሪ

elektr ustasi

የኤሌትሪክ ሰራተኛ

quruvchi

ገምቢ

muhandis

መሃሃዲስ

qassob

ልኳንዳ

suvchi chilangar

የቧንቧ ሰራተኛ

pochtachi

የፖስታ ሰራተኛ

askar
ወታደር

me'mor
መሃንዲስ

kassachi
የሒሳብ ሰራተኛ

gulchi
አበባ ሻጭ

sartarosh
የፀጉር ሰራተኛ

chiptachi
ቲኬት ቆራጭ

mexanik
መካኒክ

kapitan
ካፒቴን

tish shifokori
የጥርስ ሐኪም

olim
ተመራማሪ

yaxudiylar ruhoniysi
መምህር

imom
የሙስሊም ሃይማኖታዊ መሪ

rohib
መነኩሴ

ruhiniy
ካህን

kasblar - የስራ ሙያዎች

# asboblar

## መሳሪያዎች

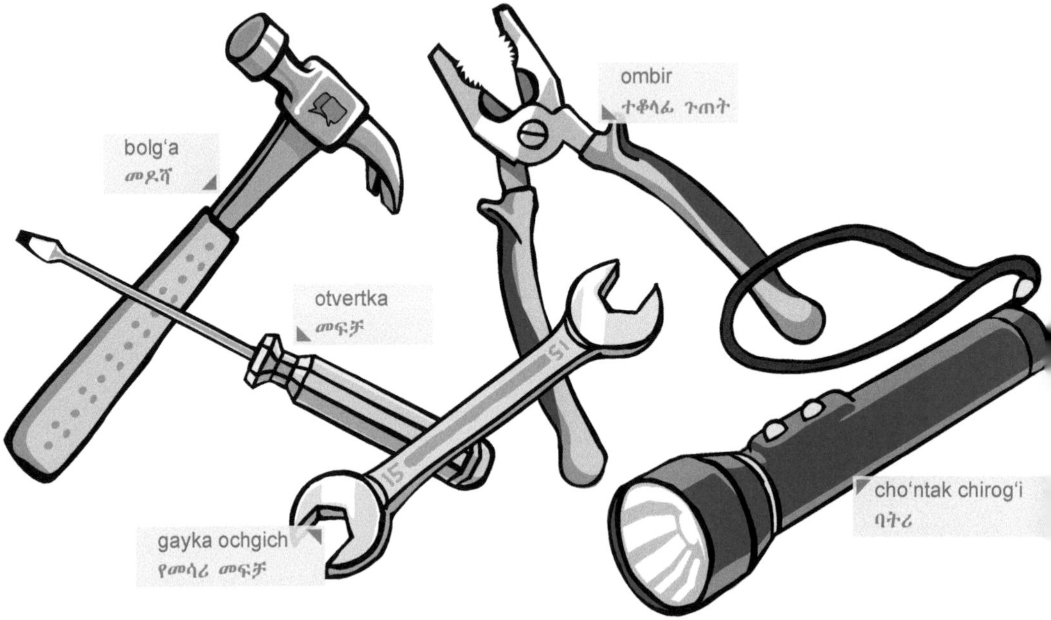

bolg‘a
መዶሻ
ombir
ተቆላፊ ጉጠት
otvertka
መፍቻ
gayka ochgich
የመሳሪ መፍቻ
cho‘ntak chirog‘i
ባትሪ

ekskavator

በቁፋሮ የሚዝቅ

asboblar qutisi

የመፍቻ ሳጥን

narvon

መሰላል

qo‘larra

መጋዝ

mix

ምስማር

parmadasta

መሰርሰሪያ

tuzatmoq

መጠገን

belkurak

አካፋ

Jin ursin!

የተረገመ!

xokandoz

ቆሻሻ ማፈሻ

bo'yoq idish

የቀለም ቆርቆሮ

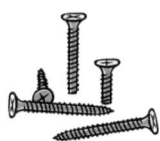

burama mix

ብሎን

## musiqa asboblari
### የሙዚቃ መሳሪያዎች

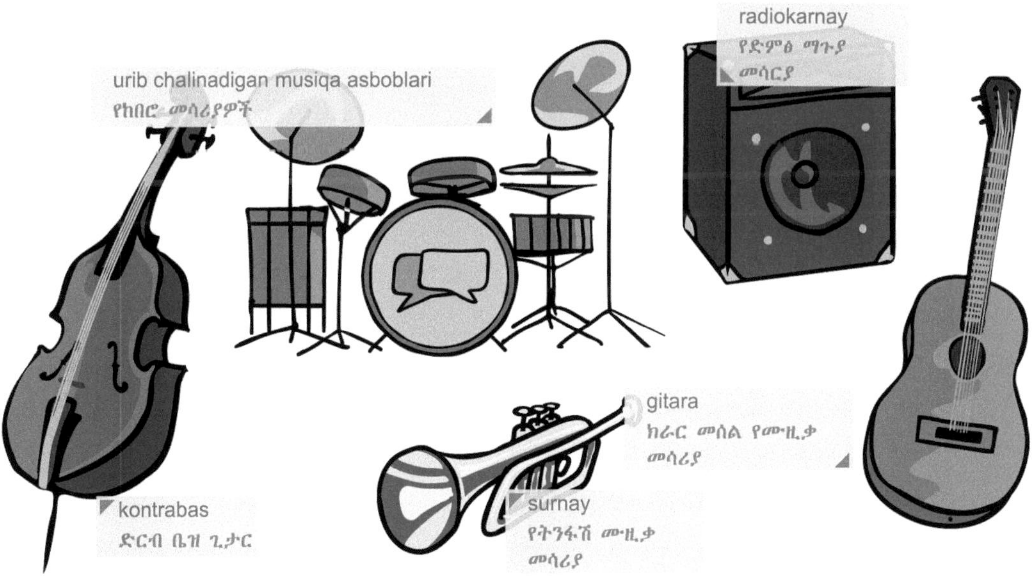

urib chalinadigan musiqa asboblari
የከበሮ መሳሪያዎች

radiokarnay
የድምፅ ማጉያ መሳርያ

gitara
ክራር መሰል የሙዚቃ መሳሪያ

kontrabas
ድርብ ቤዝ ጊታር

surnay
የትንፋሽ ሙዚቃ መሳሪያ

pianino

ፒያኖ

g'ijjak

ቫዮሊን

bas-gitara

ወፍራም፣ ጎርናና ድምፅ ያለዉ ክራር መሰል ሙዚቃ መሳሪያ

qo'shnog'ora

ነጋሪት

do'mbira

ከበሮ

klaviatura

በኤሌክትሪክ የሚሰራ ፒኖ

saksofon

የትንፋሽ ሙዚቃ መሳሪያ

nay

ዋሽንት

mikrofon

የድምፅ ማጉያ

musiqa asboblari - የሙዚቃ መሳሪያዎች

# hayvonot bog'i
## የደር እንስሳት ማቆያ

arslon
ነብር

qafas
ሳጥን

zebra
የሜዳ አህያ

yem
የእንስሳ ምግብ

kirish
መግቢያ

panda
ትልቅ ድብ

hayvonlar

እንስሳቶች

fil

ዝሆን

kenguru

ካንጋሮ

karkidon

አዉራሪስ

gorilla

ትልቅ ዝንጀሮ

ayiq

ድብ

tuya

ግመል

tuyaqush

ሰጎን

sher

አንበሳ

maymun

ጦጣ

qizil g'oz

ቅልጥመ ረዥም ወፍ

to'ti

በቀቀን

oq ayiq

የወዋልታ ድብ

pingvin

የዋልታ ወ ች

akula

ረጅም ጥርሶች ያሉትአሳ ነባሪ

tovus

ጣዎስ

ilon

እባብ

timsoh

አዞ

hayvonot bog'i qorovuli

የዱር አራዊት የሚጠበቁበት ማቆያን የሚጠብቅ

tyulen

አሳ በሊታ የባህር እንስሳ

yaguar

የዱር ድመት

60 hayvonot bog'i - የደር እንስሳት ማቆያ

to‘pichoq ot

ድንክ ፈረስ

qoplon

ነብር

begemot

ጉማሬ

jirafa

ቀጭኔ

burgut

ንስር

erkak cho‘chqa

ከርከሮ

baliq

አሳ

toshbaqa

የባህር ኤሊ

morj

የባህር አዉሬ

tulki

ቀበሮ

ohu

የሜዳ ፍየል፤ሚዳቋ

hayvonot bog‘i - የደር እንስሳት ማቆያ 61

# sport o‘yinlari
## የስፖርት አይነቶች

futbol

እግር ኳስ

badminton

የላበ  ኳስ ጨዋታ

yengil atletika

አትሌቲክስ

qo‘lto‘pi

የእጅ ኳስ ስፖርት

chang‘i uchish

የበረዶ መንሸራተት ስፖርት

polo

ፈረስ ግልቢያ

# mashg‘ulot
# እንቅስቃሴዎች

yozmoq

መፃፍ

chizmoq

መሳል

ko‘rsatmoq

ማሳየት

itarmoq

መግፋት

bermoq

መስጠት

olmoq

መዉሰድ

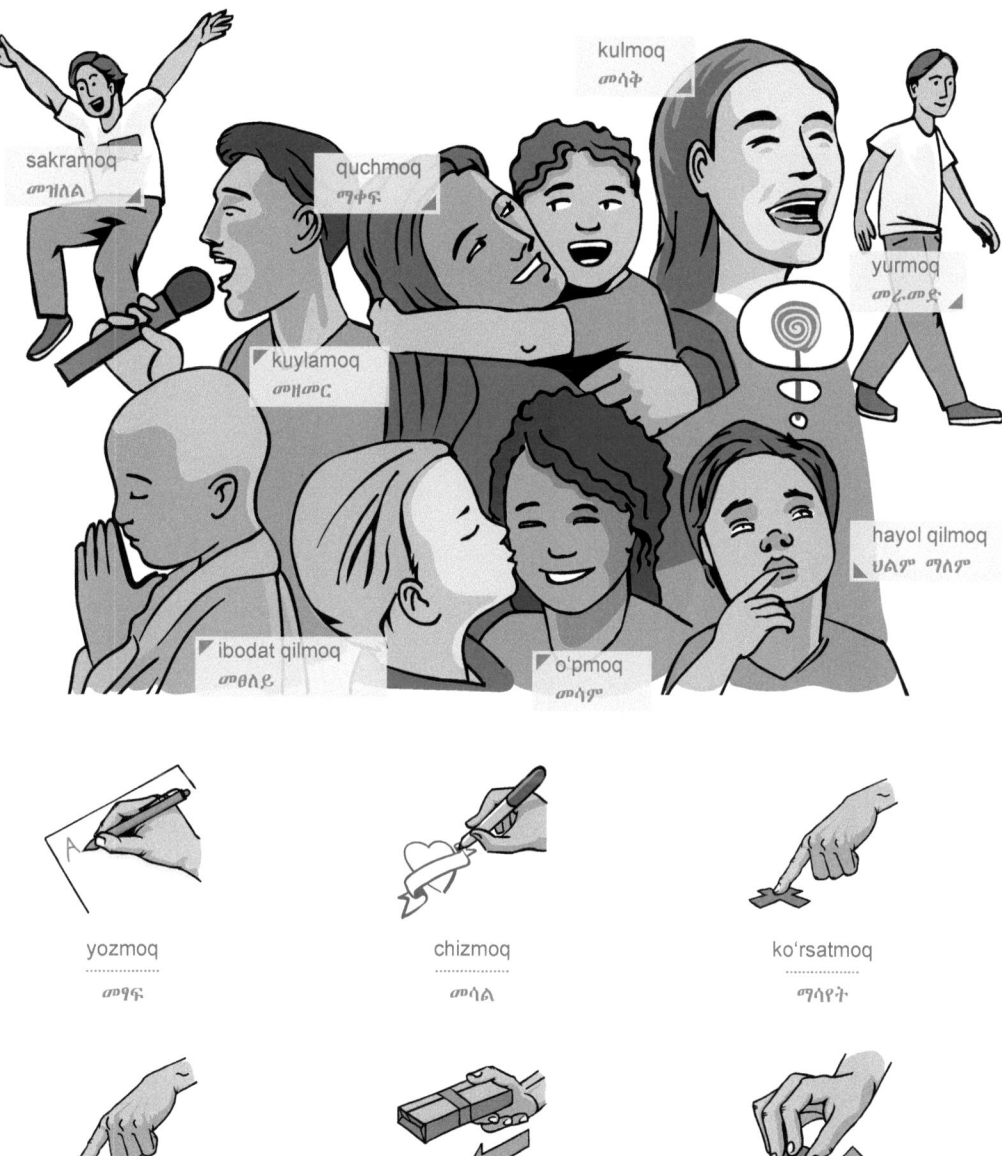

ega bo'lmoq

መያዝ

bajarmoq

ማድረግ

bo'lmoq

መሆን

turmoq

መቆም

yugurmoq

መሮጥ

tortmoq

መሳብ

uloqtirmoq

መወርወር

yiqilmoq

መዉደቅ

aldamoq

መዋሸት

kutmoq

መጠበቅ

tashimoq

መሸከም

o'tirmoq

መቀመጥ

kiyinmoq

መልበስ

uxlamoq

መተኛት

uyg'onmoq

መንቃት

qaramoq

መመልከት

yig‘lamoq

ማልቀስ

zarba bermoq

መጫር

taramoq

ማበጠር

gaplashmoq

ማዉራት

tushunmoq

መረዳት

so‘ramoq

ጥያቄ

tinglamoq

ማዳመጥ

ichmoq

መጠጣት

yemoq

መብላት

yig‘ishtirmoq

ማንፃት

sevmoq

ማፍቀር

pishirmoq

ምግብ ማብሰል

haydamoq

መንዳት

uchmoq

መብረር

kemada suzmoq
መርከብ መንዳት

sanamoq
ቁጥሮችን ማስላት

o'qimoq
ማንበብ

o'rganmoq
መማር

ishlamoq
መስራት

turmush qurmoq
ማግባት

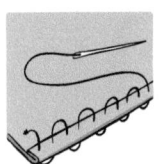
tikmoq
መስፋት

tish yuvmoq
ጥርስ መቦረሽ

o'ldirmoq
መግደል

chekmoq
ማጨስ

yo'llamoq
መላክ

# oila
## ቤተሰብ

buvi
የሴት አያት

buva
የወንድ አያት

ota
አባት

ona
እናት

chaqaloq
ህፃን

qiz
ሴት ልጅ

o'g'il
ወንድ ልጅ

mehmon

እንግዳ

amma

አክስት

tog'a

አጎት

aka

ወንድም

opa

እህት

# tana
## አካል

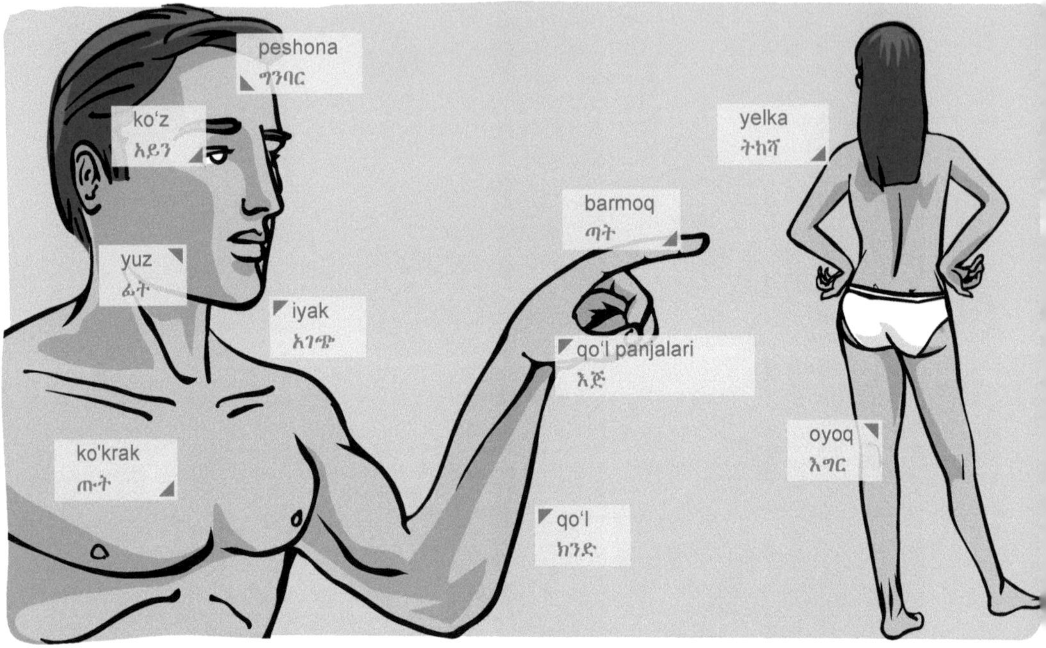

peshona — ግንባር
koʻz — አይን
yuz — ፊት
koʻkrak — ጡት
iyak — አገጭ
barmoq — ጣት
qoʻl panjalari — እጅ
qoʻl — ክንድ
yelka — ትክሻ
oyoq — እግር

chaqaloq
ህፃን

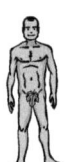

odam
ሰዉ

ayol
ሴት

qiz bola
ልጃገረድ

oʻgʻil bola
ወንድ ልጅ

bosh
ራስ

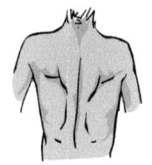

orqa

ጀርባ

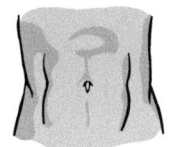

qorin

ሆድ

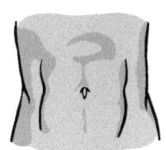

kindik

እምብርት

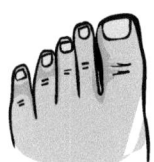

oyoq barmoqlari

የእግር ጣት

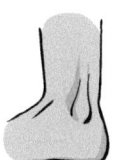

tovon

ተረከዝ

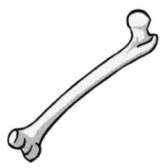

suyak

አጥንት

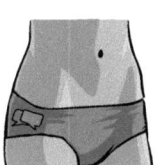

bel

ዳሌ

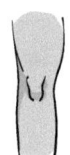

tizza

ጉልበት

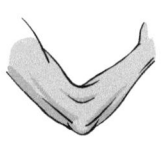

tirsak

ክርን

burun

አፍንጫ

dumba

ቂጥ

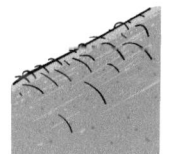

teri

ቆዳ

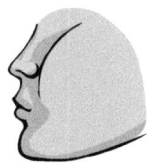

yanoq

ጉንጭ

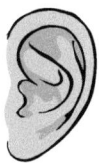

quloq

ጆሮ

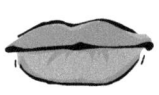

lab

ከንፈር

tana - አካል

og'iz

አፍ

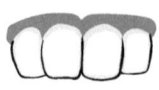

tish

ጥርስ

til

ምላስ

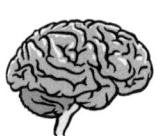

miya

አንጎል

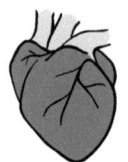

yurak

ልብ

mushak

ጡንቻ

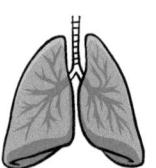

o'pka

ሳምባ

jigar

ጉበት

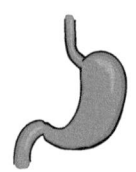

oshqozon

ሆድ

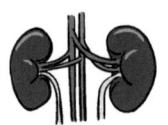

buyrak

ኩላሊቶች

jinsiy aloqa

የግብረስጋ ግንኙነት

prezervativ

ኮንዶም

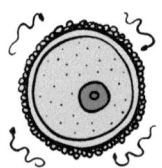

tuxum ho'jayra

የሴት እንቁላል

urug'

የዘር ፈሳሽ

homiladorlik

እርግዝና

tana - አካል

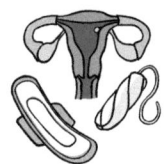

hayz

የወር አበባ

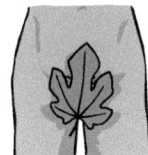

bachadon

እምስ

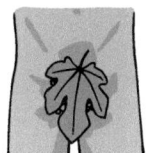

olat

ቁላ

qosh

ቅንድብ

soch

ፀጉር

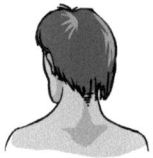

bo'yin

አንገት

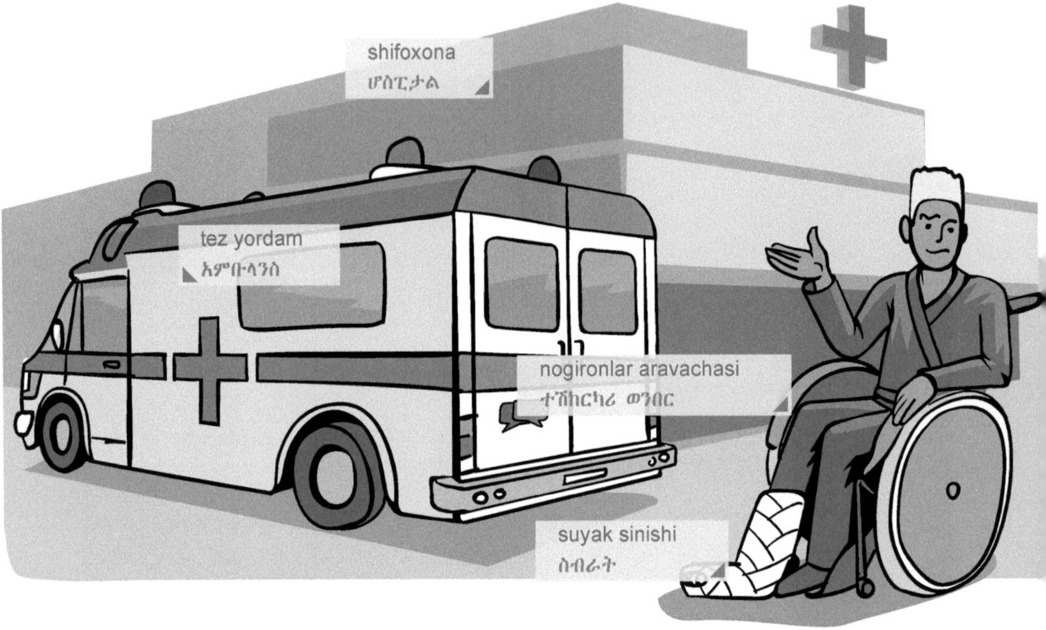

# shifoxona
## ሆስፒታል

shifoxona
ሆስፒታል

tez yordam
አምቡላንስ

nogironlar aravachasi
ተሽከርካሪ ወንበር

suyak sinishi
ስብራት

shifokor

ዶክተር

Shoshilich tibbiy yordam ko'rsatish bo'limi

ድንገተኛ ክፍል

hamshira

ነርስ

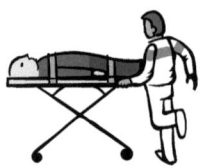

tez yordam

ድንገተኛ

hushsizlik

ራስን መሳት/ አለማወቅ

og'riq

ህመም

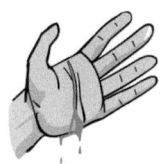
jarohat
ጉዳት

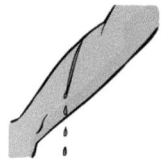
qonash
መድማት

yurak xuruji
የልብ ድካም

insulьt
ስትሮክ

allergiya
አለርጂ

yo'tal
ሳል

isitma
ትኩሳት

tumov
ኢንፍሎዌንዛ

ichburug'
ተቅማጥ

bosh og'rig'i
የራስ ምታት

saraton kasalligi
ካንሰር

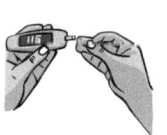
qandli diabet
የስኳር በሽታ

jarroh
ቀዶ ጠጋኝ ሐኪም

jarroh pichog'i
የቀዶ ጥገና ስለት

jarrohlik amaliyoti
ቀዶ ጥገና

shifoxona - ሆስፒታል

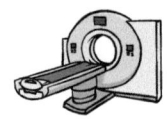

tomografiya

ሲቲ

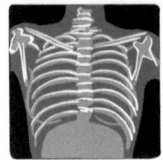

rentgen

ኤክስሬዮ

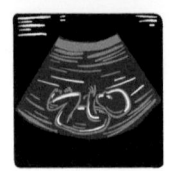

ultratovush tekshiruvi

አልትራሳዉንድ

yuz niqobi

የፊት ጭምብል

kasallik

በሽታ

qabulxona

መጠበቂያ ክፍል

qo'ltiqtayoq

ምርኩዝ

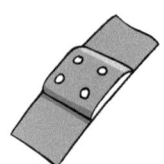

malhamli plastir

የቁስል ማሸጊያ

bint

ፋሻ

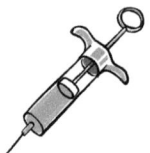

ukol

መርፌ

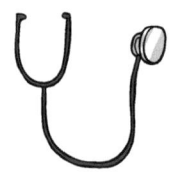

yurak urushini va o'pkani eshitib ko'radigan asbob

የልብ ምት ማዳመጫ መሳሪያ

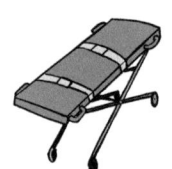

bemorlar uchun zambil

የበሽተኛ አልጋ

termometr

የህክምና ሙቀት መለኪያ መሳሪያ

tug'ruq

መውለድ

semizlik

ከልክ ያለፈ ክብደት

eshitish moslamasi

ለመስማት የሚረዳ መሳሪያ

dezinfektsiyalovchi vosita

ፀረ ተባይ መድሀኒት

infektsiya

ማመርቀዝ

virus

ቫይረስ

OIV / OITS

ኤች አይቪ ኤድስ

dori

ህክምና

emlash

ክትባት

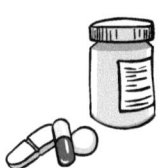

tabletka

ኪኒን

dori

ኪኒን

tez yordam qo‘ng‘irog‘i

አስቸኳይ የስልክ ጥሪ

qon bosimini o‘lchash asbobi

ደም ግፊት መቆጣጠሪያ

kasal / sog‘lom

ህመም/ ጤንነት

# tez yordam

## ድንገተኛ

Yordamga!

እርዳታ!

xavf-xatar ishorasi

ማንቂያ ደወል

tajovuz

ጥቃት

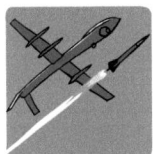

hujum

ድብደባ

xavf

አደጋ

favqulodda holatlarda chiqish eshigi

የድንገተኛ መውጫ

Yong'in

እሳት!

o't o'chirgich

እሳት ማጥፊያ

falokat

አደጋ

birinchi tibbiy yordam to'plami

የመጀመሪያ እርዳታ መድሃኒት መያዣ

falokat signali

ነፍስ አድን

politsiya

ፖሊስ

# yer
## ምድር

Yevropa
አዉሮፓ

Shimoliy Amerika
ሰሜን አሜሪካ

Janubiy Amerika
ደቡብ አሜሪካ

Afrika
አፍሪካ

Osiyo
እስያ

Avstraliya
አዉስትራሊያ

Anlantika okeani
አትላንቲክ

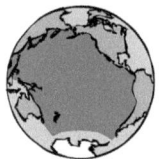
Tinch okeani
ፓስፊክ

Hind okeani
የህንድ ዉቅያኖስ

Antarktida okeani
አንታርክቲክ ዉቅያኖስ

Arktika okeani
አርክቲክ ዉቅያኖስ

Shimoliy qutb
ሰሜን ዋልታ

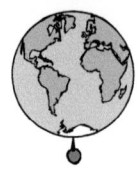

Janubiy qutb
ደቡብ ዋልታ

Antarktika
አንታርክቲካ

yer
ምድር

o'lka
መሬት

dengiz
ባህር

orol
ደሴት

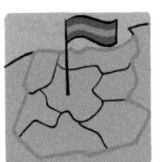

millat
አገርና ህዝብ

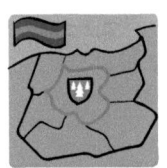

davlat
መንግስት

# soat
## ሰዓት

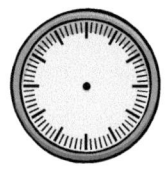

astronomik vaqt ko‘rsatgichi

.................

የሰዓት ገፅታ

soat mili

.................

ሰዓት

daqiqa mili

.................

ደቂቃ

lahza mili

.................

ሴኮንድ

Soat necha?

.................

ስንት ሰዓት ነው?

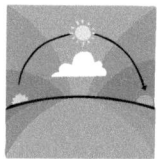

kun

.................

ቀን

vaqt

.................

ጊዜ

hozir

.................

አሁን

raqamli soat

.................

የቁጥር ሰዐት

daqiqa

.................

ደቂቃ

soat

.................

ሰዓታት

# xafta
## ሳምንት

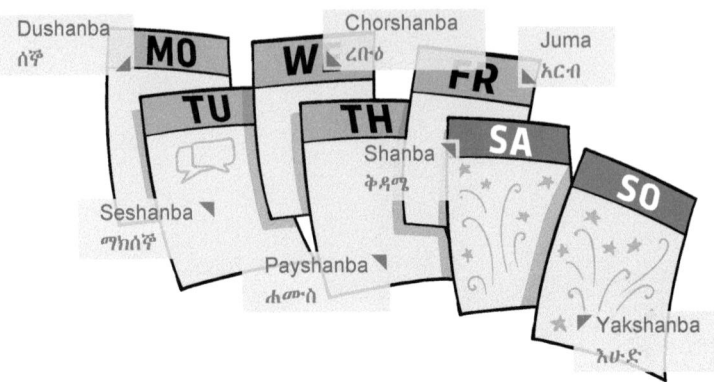

Dushanba ሰኞ
Seshanba ማክሰኞ
Chorshanba ረቡዕ
Payshanba ሐሙስ
Juma ዓርብ
Shanba ቅዳሜ
Yakshanba እሁድ

kecha
ትላንት

bugun
ዛሬ

ertaga
ነገ

ertalab
ማለዳ

peshin
ቀትር

kechqurun
ምሽት

ish kunlari
የስራ ቀናት

dam olish kunlari
የዕረፍት ቀናት

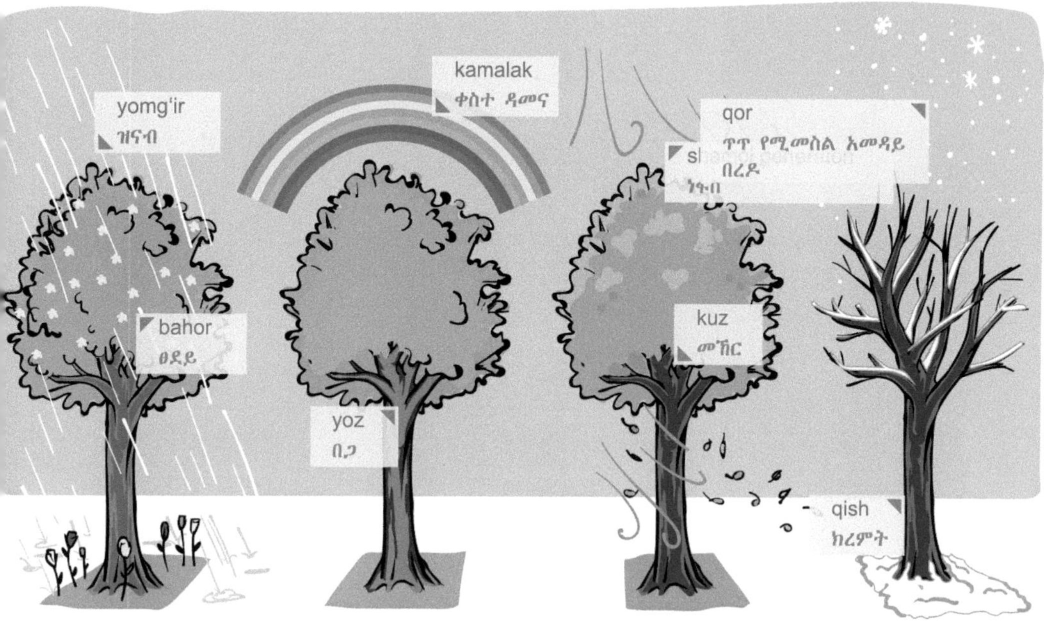

# yil
### ዓመት

kamalak
ቀስተ ደመና

yomg'ir
ዝናብ

qor
ጥጥ የሚመስል አመዳይ በረዶ

bahor
ፀደይ

yoz
በጋ

kuz
መኸር

qish
ክረምት

ob-havo ma'lumoti

የአየር ሁኔታ ትንበያ

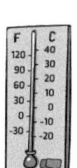

termometr

የሙቀት መለኪያ

quyoshli

የፀሀይ ሙቀት

bulut

ደመና

tuman

ጭጋግ

namgarchilik

እርጥበታማነት

chaqmoq

መብረቕ

momoqaldiroq

ነጎድጓድ

bo‘ron

ኣዉሎ ንፋስ

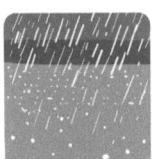

do‘l

የበረዶ ዝናብ

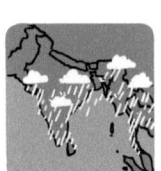

namgarchilik mavsumi

ኣዉሎ ንፋስ

toshqin

ጎርፍ

muz

በረዶ

Yanvar

ጥር

Fevral

የካቲት

Mart

መጋቢት

Aprel

ሚያዚያ

May

ግንቦት

Iyun

ሰኔ

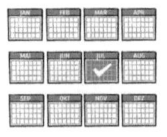

Iyul

ሐምሌ

Avgust

ነሀሴ

82 yil - ዓመት

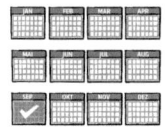

Sentyabr

መስከረም

Oktyabr

ጥቅምት

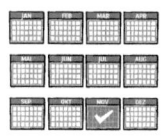

Noyabr

ህዳር

Dekabr

ታህሳስ

## shakllar
## ቅርፆች

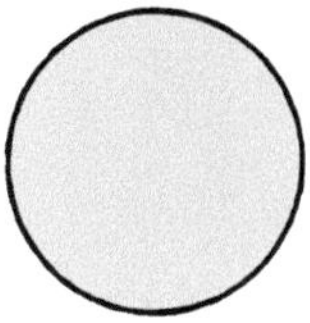

aylana

ክብ

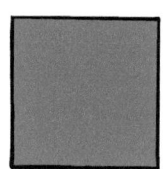

kvadrat

አራት ማዕዘን

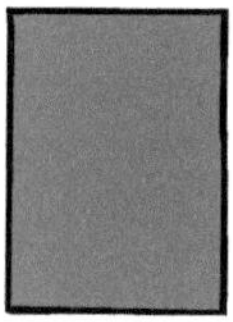

to'rtburchak

አራት ቀጥተኛ ማዕዘኖች ጎኖች ያሉት ቅርፅ

uchburchak

ሶስት ማዕዘን

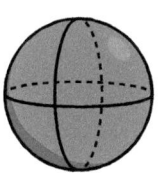

doira

ሉል

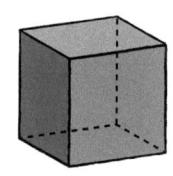

kub

ስድስት ጎን ያለዉ ቅርፅ

# ranglar

## ቀለማት

oq

ነጭ

sariq

ቢጫ

sabzi rang

ብርቱካናማ

pushti

ሮዝ

qizil

ቀይ

to‘q qizil

ወይን ጠጅ

ko‘k

ሰማያዊ

yashil

አረንጓዴ

jigar rang

ቡኒ

kul rang

ግራጫ

qora

ጥቁር

# qarama-qarshi ma'noli so'zlar
## ተቃራኒዎች

ko'p / oz

ብዙ/ ጥቂት

g'azabli / xotirjam

ንዴት/ እርጋታ

go'zal / xunuk

ቆንጆ/ አስቀያሚ

boshi / oxiri

ጅማሬ/ ፍፃሜ

katta / kichik

ትልቅ/ ትንሽ

yorug' / qorong'u

ደማቅ/ ደብዛዛ

aka / singil

ወንድም/ እህት

toza / iflos

ንፁህ/ ቆሻሻ

to'llq / chala

የተሟላ/ ያልተሟላ

kun / tun

ቀን/ ምሽት

o'lik / tirik

የሞተ/ ህያዉ

keng / tor

ሰፊ/ ጠባብ

yesa bo'ladigan / yesa bo'lmaydigan

የሚበላ/ የማይበላ

yovuz / xayrli

ክፉ/ ደግ

hayajonli / zerikarli

ደስተኛ/ ድብርተኛ

semik / oriq

ወፍራም/ ቀጭን

birinchi / oxirgi

መጀመርያ/ መጨረሻ

do'st / dushman

ጓደኛ/ ጠላት

to'la / bo'sh

ሙሉ/ ጎዶሎ

qattiq / yumshoq

ጠንካራ/ ለስላሳ

og'ir / yengil

ከባድ/ ቀላል

ochlik / chanqov

ረሃብ/ ጥማት

kasal / sog'lom

ህመም/ ጤንነት

noqonuniy / qonuniy

ህገወጥ/ ህጋዊ

ziyoli / kaltafahm

ጎበዝ/ ደደብ

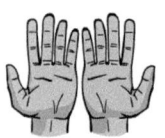

chap / o'ng

ግራ/ ቀኝ

yaqin / uzoq

ቅርብ/ ሩቅ

qarama-qarshi ma'noli so'zlar - ተቃራኒዎች

yangi / ishlatilgan

..................

አዲስ/ አሮጌ

hech narsa / bir narsa

..................

ምንም/ የሆነ ነገር

qari / yosh

..................

ሽማግሌ/ ወጣት

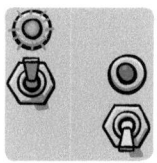

yoniq / oʻchiq

..................

የበራ/ የጠፋ

ochiq / yopiq

..................

ክፍት/ ዝግ

past / baland

..................

ፀጥታ/ ጫጫታ

boy / kambagʻal

..................

ሃብታም/ ደሃ

toʻgʻri / notoʻgʻri

..................

ትክክለኛ/ የተሳሳተ

notekis / tekis

..................

ሻካራ/ ለስላሳ

xafa / xursand

..................

ሐዘን/ ደስታ

qisqa / uzun

..................

አጭር/ ረዥም

sekin / tez

..................

ዝግተኛ/ ፈጣን

nam / quruq

..................

እርጥብ/ ደረቅ

iliq / salqin

..................

ሞቃት/ ቀዝቃዛ

urush / tinchlik

..................

ጦርነት/ ሰላም

qarama-qarshi ma'noli so'zlar - ተቃራኒዎች 87

# raqamlar
## ቁጥሮች

| | | |
|---|---|---|
| 0 | 1 | 2 |
| nol<br>ዜሮ | bir<br>አንድ | ikki<br>ሁለት |
| 3 | 4 | 5 |
| uch<br>ሶስት | to‘rt<br>አራት | besh<br>አምስት |
| 6 | 7 | 8 |
| olti<br>ስድስት | yetti<br>ሰባት | sakkiz<br>ስምንት |
| 9 | 10 | 11 |
| to‘qqiz<br>ዘጠኝ | o‘n<br>አስር | o‘n bir<br>አስራ አንድ |

## 12
o'n ikki
አስራ ሁለት

## 13
o'n uch
አስራ ሶስት

## 14
o'n to'rt
አስራ አራት

## 15
o'n besh
አስራ አምስት

## 16
o'n olti
አስራ ስድስት

## 17
o'n yetti
አስራ ሰባት

## 18
o'n sakkiz
አስራ ሰስምንት

## 19
o'n to'qqiz
አስራ ዘጠኝ

## 20
yigirma
ሃያ

## 100
yuz
መቶ

## 1.000
ming
ሺህ

## 1.000.000
million
ሚሊዮን

raqamlar - ቁጥሮች

# tillar
## ቋንቋዎች

Ingliz

እንግሊዝኛ

Amerikacha ingliz tili

የአሜሪካ እንግሊዝኛ

Xitoy tilining Mandarin lahchasi

የቻይና ማንዳሪን

Hind

ሂንዱ

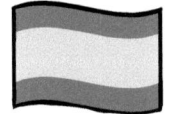

Ispan

ስፓኒሽ

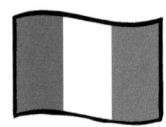

Frantsuz

ፍሬንች

Arab

አረብኛ

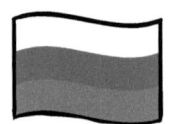

Rus

ራሺያኛ

Portugal

ፖርቱጊዝ

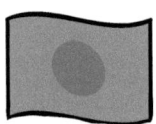

Bengal

ቤንጋሊ

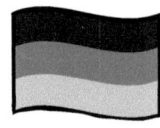

Nemis

ጀርመን

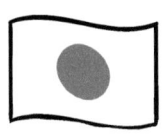

Yapon

ጃፓንኛ

# kim / nima / qanday
## ማን/ ምን/ እንዴት

Men
እኔ

Sen
አንተ

u / u / u
እሱ/ እርሷ/ እቃዉ

biz
እኛ

sizlar
አንተ

ular
እነርሱ

kim?
ማን?

nima?
ምን?

qanday?
እንዴት?

qayerda?
የት?

qachon?
መቼ?

ism
ስም

# qayerda
## የት

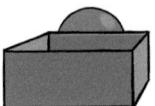

orqada

በስተጀርባ

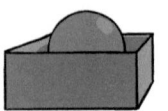

ichida

ዉስጥ

oldida

ከፊት ለፊት

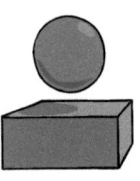

uzra

ከላይ

ustida

ላይ

tagida

ከስር

yonida

አጠገብ

o'rtasida

መሃከል

joy

ቦታ